RENATE BERGMANN

Liebe ist was, wo man durchmuss

99 TIPPS von der Online-Omi

arsEdition

Die Liebe
ist was Wunderbares.
Punkt.

Das muss man wirklich erst mal so stehen lassen und eine kleine Pause machen, bevor man mit dem »Aber« anfängt. Denn die kleinen »Abers«, die gibt es auch. Wenn der rosa Rauch erst mal verflogen ist, muss man sich überlegen, wie man zusammen weiterkommt. *»Liebe ist was, wo man durchmuss«,* das hat mir meine Oma Strelemann schon mit auf den Lebensweg gegeben. Liebe heißt mal, den anderen zu achten und zu respektieren, wie er ist, und mal, ihm mehr oder weniger deutliche Hinweise zu geben, wie es besser gehen könnte.

Manchmal muss man für die Liebe kämpfen und manchmal muss man sie auch ziehen lassen, aber immer muss man mit ihr umgehen, denn sie begegnet uns in ihren verschiedenen Formen immer wieder. Darum habe ich Ihnen 99 Tipps aus dem Erfahrungsschatzkästchen von vier Ehen und einem langen Leben aufgeschrieben. Ich wünsche Ihnen beim Lesen recht viel Freude und gute Unterhaltung. Und denken Se immer daran: *Alles, was man gibt, kommt auch wieder zurück.*

Außer Tupperschüsseln. Wenn die weg sind, sind die weg, da müssen Se hinterher sein und aufpassen.

Ihre Renate Bergmann

1

Ich gebe zu, dass dieser Tipp eher etwas für Ältere ist, aber man muss bei der Auswahl der Ehemänner schon in jungen Jahren auch an morgen denken: Achten Se bloß darauf, dass Sie Ihre Männer möglichst auf *einen* Friedhof legen, meine Damen. Ich bin den halben Tag durch die Stadt unterwegs, wenn Gießtag ist, und muss abends die Füße hochlegen. Das habe ich nicht gut überlegt und habe nun den Schlamassel!

2

Wissen Se, eine Ehe ist wie eine Suppenterrine: Wenn erst mal ein Sprung drin ist, geht sie auch bald kaputt. Da kann man es noch eine Weile so drehen, dass man es nicht auf den ersten Blick sieht, aber sobald was Heißes ins Spiel kommt, gibt es ein Drama.

3

Drei Dinge sind sicher im Leben: Nichts bleibt, wie es ist, alles kommt, wie es kommen soll, und Männer wollen alle nur das eine.

4

Wenn ich Gemüse koche, muss ich immer an meine Männer denken: Eine gute halbe Stunde, dann ist auch die härteste Möhre weich, hihi!

5

Männer **quasseln manchmal einfach Blödsinn, und das muss man denen dann auch ganz deutlich sagen und darf es Ihnen nicht als Spaß durchgehen lassen. Kurt zum Beispiel sagt gern: »Wenn Männer im Haushalt helfen, führt das nur dazu, dass die Frauen Durchblutungsstörungen kriegen, weil sie sich zu wenig bewegen.« Ein oller Zausel ist das, dem gehören die Ohren lang gezogen!** ***Lassen Se sich solche Sprüche bloß nicht gefallen, meine Damen.***

6

Wo man hinhört, heißt es: »Wir sind vielleicht zusammen«, »Es ist nichts Festes« oder »Ich weiß nicht recht.« Das Geeier kann man sich ja nicht mit angucken! Wissen die denn alle nicht, was sie wollen? Ich teile das bald zu, wer wen heiratet, wie früher! Liebe ist schließlich was, wo man durchmuss – merken Se sich das.

7

Kurt hat sich heute den Enkel vorgenommen. Der hat jetzt nämlich eine kleine Freundin. Stellen Se sich mal vor, was er zu ihm gesagt hat: »Erst kommt die Hochzeit, dann die Lochzeit.« *Nee, ich brauch erst mal einen Korn auf den Schreck.*

8

Katerle ist seit Neuestem ganz mäkelig und will das Futter mit dem Fisch drin nicht. So ein verwöhnter Schlingel, das kommt gar nicht in Frage, dass der auf seine alten Tage zickig wird! Es wird gegessen, was in den Napf kommt. Das galt schon für meine Männer.

9

Gertrud hat schon wieder Ärger mit ihrem Gunter. Überlegen Se bloß, der olle Zausel bockt wieder und will sich die Zehennägel nicht schneiden lassen, dabei reißt er sich die ganzen Socken kaputt. So was dürfen Se den Herren nicht durchgehen lassen, das sollen die sich gar nicht erst angewöhnen! Ich habe Gertrud mal die Geflügelschere mitgegeben.

10

Ich höre meine Freundin Ilse noch, wie sie damals nach der Tanzstunde zu mir kam und mir von einem gewissen Kurt vorschwärmte. Irgendwie mochte sie ihn, aber ganz sicher war sie sich nicht. Ich habe ihr gut zugeredet, genau wie ihre Mutter damals. Nächstes Jahr feiern sie den 62. Hochzeitstag, und Ilse fragt sich noch heute, ob Kurt wohl der Richtige ist. *»So lange sollte das gar nicht gehen, aber nun ändere ich auch nichts mehr«*, sagt sie.

11

Manche Frauen heiraten Männer in der Hoffnung, dass die sich ändern lassen. Das ist Quatsch. Das klappt nicht, machen Se sich da keine falschen Hoffnungen und finden Se sich lieber damit ab. Auch Mängelexemplare haben ihre guten Seiten, *hihi!*

12

Ariane, was die Frau von meinem Neffen Stefan ist, sagt ja immer, der wirkliche Test für eine Ehe ist nicht ein Kind, sondern ein Besuch im Möbelhaus. Und hinterher der gemeinsame Schrankaufbau. »Wenn das gelingt, ohne dass alles zusammenfällt und ohne dass einer dem anderen einen Schraubendreher in die Rippen rammt, hält das ewig. Die Ehe genauso wie das Regal.«

Ein kluges Mädchen!

13

Ich werde sehr oft gefragt: »Frau Bergmann, wollen Se nicht noch mal heiraten?« *Nee. Also, ich sage Ihnen ganz offen: Nee.* Lieber eine Topfpflanze als noch mal einen Mann! Die gibt keine Widerworte, und es stellt auch keiner dumme Fragen, wenn sie eingeht.

14

Wenn man sich wirklich gut
kennt und versteht, dann kann
man auch miteinander schweigen.
Dann braucht es keine Worte.
Dann reicht es zusammenzusitzen,
und statt eines mahnenden
»Nun leg doch die Füße nicht auf
die Couch, die ist frisch abgesaugt«
reicht ein Blick und ein ganz leicht
angedeutetes Kopfschütteln.
Wissen Se, eine richtig gute
Dressurreiterin gibt auch nur
kaum merkliche Kommandos.

15

Es ist ein kurzer Tipp, aber er ist sehr wichtig: Wenn Sie das erste Mal bei einem Mann zu Besuch sind, entschuldigen Sie sich unter einem Vorwand und gehen Sie ins Badezimmer. Wenn er nur zweilagiges Toilettenpapier hat – nehmen Se die Füße in die Hand! Das hat gar keinen Sinn. Daraus kann nichts für die Zukunft werden.

16

Wissen Se, Männer kommen so oft mit einem Kommentar wie »Frauen geben ständig Geld für unnützen Blödsinn aus« an, aber dann, dann kommt der Advent. Sie werden nicht glauben, was mein Neffe Stefan letztes Jahr Ende November in den Einkaufswagen gehievt hat: Einen Adventskalender mit 24 Büchsen Bier. *Da soll noch mal einer sagen, dass das kein unnützer Blödsinn war!*

17

Die Freunde, die Familie und die Vergangenheit heiratet man immer mit. Wenn man das nicht aushält, sollte man es lassen. Wissen Se, es macht auch keinen Sinn, dem Partner die Freunde zu verbieten oder den Umgang mit der Verwandtschaft. Sicherlich, man kann mal Kopfschmerzen haben und so den Besuch bei den Schwiegereltern aufschieben, aber längerfristig gedacht – und bei einer Heirat sollte man ja wohl so rangehen – bringt das alles überhaupt nichts. *Und die Vergangenheit, die sitzt immer mit am Tisch, merken Se sich das.*

18

Die Frau Thatcher, wissen Se, die Engländerin, die immer mit der Handtasche auf den Tisch gehauen hat und Geld wollte, die hat mal gesagt: *»Hähne können krähen, aber es sind die Hennen, die die Eier legen.«* Da steckt viel Wahres drin. Wissen Se, wenn ich an meinen Wilhelm denke, meinen dritten Mann, der hat in der Verwandtschaft stolz Fotografien von unserer Tochter Kirsten rumgezeigt, aber ich war es, die die Windeln gewaschen hat.

19

**Mit Männern ist es
im Grunde wie mit Wein:
Zunächst sind sie
interessant, wenn sie
älter werden, aber
irgendwann ist es dann
einfach nur noch
Essig.**

20

Versuchen Se gar nicht erst, Männer zu erziehen. Das wird eh nichts. Das sind große Jungs, und was die Mütter nicht geschafft haben, ihnen beizubringen, schaffen Sie als Ehefrau auch nicht mehr. Wenn die regelmäßig duschen, an den Hochzeitstag denken und anziehen, was Sie ihnen rauslegen, ist das Optimum erreicht. Mehr kriegen Se sowieso nicht in die Kerle reingetrichtert, glauben Se mir.

Es kostet nur Nerven und bringt nichts.

21

Ganz, ganz wichtiger Tipp:
Drei sind einer zu viel.
Ja, mehr gibt es dazu
auch nicht zu sagen. Dem ist
nichts hinzuzufügen.

22

Ich habe jedem meiner
vier Ehemänner gleich
nach der Trauung gesagt:
»Ehe heißt geben und nehmen,
nicht nehmen und gehen!«

23

***Wissen Se**, ob man sich ab einem gewissen Alter nun einen Hund oder einen Mann zulegt, das hängt davon ab, ob man sich den Teppich oder das ganze Leben versauen lassen will.*

24

Nicht nur wir Alten, auch die jungen Leute haben ihre Tricks, wie sie das Miteinander gestalten. Die Ariane hat neulich zu mir gesagt: »Tante Renate, wir reden immer offen, wenn Probleme auftreten. Aber ganz wichtig ist für mich auch Tagebuch schreiben. Die Hälfte meiner Tagebücher besteht aus Mordfantasien, in denen Stefan das Opfer ist.«

25

Wenn Sie einem gut gekleideten, stilvollen Herren begegnen, liegt das meist daran, dass der … also, dass er eher Interesse an Herren hat oder dass er eine Frau mit Geschmack hat, die ihn einkleidet. *Da lassen Se besser gleich die Finger von, das ist meist wenig aussichtsreich, sich zu engagieren.*

26

*Wissen Se, ich bin
viermal verheiratet gewesen,
mir können Se glauben:
Die Unterschiede zwischen
den Männern sind so klein,
dass Sie ruhig beim ersten
Modell bleiben können.*

27

Noch heute hört man immer wieder den Spruch: »Ein Mann soll in seinem Leben einen Baum pflanzen, einen Sohn zeugen und ein Haus bauen.« Was die Frau zu tun hat, da hat sich niemand die Mühe gemacht, das aufzuschreiben, aber unausgesprochen bleibt an ihr die ganze Arbeit hängen: Sie muss den Baum gießen, dem Sohn die Wäsche machen und das Haus putzen. Dass sich daran was ändert, daran arbeiten wir Frauen heute noch!

28

Männer wollen immer belohnt werden. Sagen Se ihnen, wenn sie was prima gemacht haben! Nichts ist ihnen wichtiger als Anerkennung, egal ob von der Mutti, von der Ehefrau oder vom Scheff. Aber loben Sie mit Worten, nicht mit Leckerli, wie beim Hund. Der Mann neigt zum Fettwerden.

29

Der olle Onassis – und der muss es wissen! – hat mal gesagt: »Ein reicher Mann ist oft nur ein armer Mann mit viel Geld.« Da hat er recht. Ich habe bei all meinen vier Ehen nicht auf das Geld geguckt, das kam dann hinterher von ganz allein aus den Lebensversicherungen.

30

Merken Se sich das: Ein böses Wort ist genauso schnell gesprochen wie ein freundliches, aber kann manchmal nicht so schnell wieder-gutgemacht werden. Das gilt nicht nur in der Partnerschaft oder in der Ehe, sondern eigentlich immer im Leben. Besser, man überlegt erst, bevor man Dinge sagt, die man später bereut.

31

Jeder hat so seine kleinen
Eigenarten. Die muss man
erst mal rausfinden und sich an
sie gewöhnen im Laufe der Jahre.
Und man muss auch lernen,
dass meist keine böse Absicht
dahintersteckt. Kurt zum Beispiel
weiß den Hochzeitstag bis heute
noch immer nicht. Aber was das
Bier 1971 an der Ostsee gekostet hat,
das weiß er! So ist er, und Ilse wird
ihn nicht ändern. Genauso wenig,
wie sie sich ändert und sich
bis heute darüber ärgert.
Ach, die beiden!

32

Wenn ich auf den Friedhof gehe, ziehe ich immer ein buntes Kleid an, nie schwarz. Das lockt nur Heiratsschwindler an, die einen für frisch verwitwet halten.

33

Ich weiß nicht, warum, aber ich musste heute schon an Otto, meinen ersten Mann, denken. Der hat immer gesagt: *»Wer den Mund hält, obwohl er recht hat, ist verheiratet.«*

34

Machen Se sich klar, dass es immer mal Streit geben wird. Eine Partnerschaft, sei es nun eine wilde oder eine besiegelte Ehe, ist keine Veranstaltung mit dauerhaftem Sonnenschein und rosa Wölkchen. Aber ein Streit ist kein Kampf, merken Se sich das! Es geht darum, Argumente und Meinungen auszutauschen, nicht darum zu gewinnen. *Auch streiten will gelernt sein.*

35

Das Wichtigste ist, dass man für sich behält, was in der Ehe passiert, und dabei ist es gleich, ob es ein Partner im Kollegenkreis ausposaunt, beim Kaffeekränzchen oder im Interweb. Meine Güte, was man da beim Fäßbock alles lesen muss! So was kann doch nicht gut gehen, denke ich mir da immer, und meist geht es dann auch nicht gut.

36

Männer können oft ihre Gefühle nicht so zeigen. Wissen Se, während wir Frauen weinen, laut lachen, juchzen oder auch mal schreien, kommt von Männern meist nur eine Variante von *»Mmmmmh«*. Da gilt es, während der Zeit ein Gespür dafür zu entwickeln, was das jeweilige »Mmmmmh« bedeutet. Gefühle zeigt der Mann nur so knapp dosiert wie ein Globuli, darauf muss Frau sich einstellen.

37

Männer reden auch nicht gern über Gefühle. Man darf sie dann nicht drängen. Wenn sie Hunger haben oder … Sie wissen schon …, dann kommen die von ganz alleine.

38

Ist Ihnen schon mal aufgefallen, dass Kinder meist ein eigenes Zimmer haben, aber bei Erwachsenen die Leute sofort die Brauen hochziehen, wenn sie was von getrennten Schlafzimmern hören? Die denken dann gleich, dass es nicht mehr stimmt in der Ehe. Manchmal funktioniert es gerade deshalb umso besser, wenn man sich seine Freiräume lässt. Man muss da ja nicht jeden Abend schlafen, aber wenn der Mann mal wieder schnarcht wie ein Holzfäller … Und ob nun im Bügelzimmer eine Liege steht oder nicht, das stört doch keinen! *Die besten Ehen sind ohnehin die, bei denen ein Partner oft außer Haus ist.*

39

Ich bin lange raus aus dem Alter, in dem ich einen Mann mit Wodka und schwarzer Unterwäsche beeindrucken konnte. Seit ich über fünfzig bin, verführe ich mit Topf und Pfanne.

40

Sehen Se, man muss auch mal alle fünfe gerade sein lassen und nicht immer alles ausdiskutieren. Das gilt für alle Arten von Beziehungen, merken Se sich das! Früher fand ich es immer wichtig, recht zu haben, aber je älter ich werde, desto häufiger wünsche ich mir, dass es nicht so kommt. Lieber sollen die Dinge gut ausgehen, denn ich habe nichts davon, wenn ich sagen kann: ***»Sehen Se, ich habe es ja gewusst!«***

41

Es kommt auf die kleinen
Dinge im Leben an. *Wissen Se,*
das große Blumengebinde zum
Geburtstag oder zum Hochzeitstag
ist das eine, aber die Kleinigkeiten
im Alltag, die machen das
Zusammenleben erst liebenswert.
Wenn man sich ein Lächeln schenkt,
ein Küsschen nach dem Aufwachen
oder wenn man beim Abendbrot die
Radieschen wie ein Herz auf den
Teller legt. *Das ist auf Dauer
viel mehr wert.*

42

Oma Strelemann hat immer gesagt:
»Männer sind wie Streichhölzer: schnell entflammbar und dabei verlieren sie den Kopf.«

43

Anfangs ist die Liebe immer so groß, dass man sich gegenseitig auffressen will. Nach ein paar Jahren ärgert man sich dann, dass man es nicht getan hat.

44

Es ist wichtig, dass Männer ein schönes Hobby haben, durch das sie abgelenkt sind und einem nicht ständig vor den Füßen rumstehen. Ich empfehle das Grillen, das machen die gern. Und sie tun es ganzjährig: Es geht los mit dem Angrillen und zieht sich hin bis zum Abgrillen. Dazwischen gibt es Ostergrillen, Fußballgrillen, Urlaubsgrillen, Nachbarschafts-grillen, Geburtstagsgrillen und Familiengrillen. Das beschäftigt nicht nur den Mann, sondern spart der Hausfrau auch noch das Kochen, ***weil der Salat meist von den Gästen mitgebracht wird, hihi!***

45

Liebe heißt,
dass man sich gegenseitig
in Flammen setzt.
Ehe heißt dann, ab und
an auch mal zu löschen
und manchmal auch
auf die verbliebene Glut
aufzupassen.

46

Zur Verlobung verschenke ich ja sehr gern Gutscheine für einen Tanzkurs. Erstens muss das Paar sowieso einen Hochzeitswalzer lernen und zweitens kann man so auch unauffällig die Liebe auf die Probe stellen. Wer es aushält, dass der Partner einem auf die Füße steigt, ohne dass es Krieg gibt, der ist gerüstet für das Parkett der Ehe und kommt auch dort nicht so leicht aus dem Takt.

47

Es ist nicht leicht, sich auf eine neue Partnerschaft einzulassen, erst recht, wenn man schon ein paar Jahre auf dem Buckel hat. Sich Geheimnisse zu erzählen, alles von sich preiszugeben, sich zu öffnen und wieder die Kraft zu finden, noch mal an ein Wunder zu glauben – das kostet Mut. Aber es kann sich lohnen.

48

Ich sage es frei raus, es hilft ja nichts: Meine Tochter Kirsten (50) hat einen »Freund«, der 24 Jahre alt ist. Ich sage es Ihnen ganz ehrlich, erst war ich erschrocken, aber als ich einen Korn zur Beruhigung wollte, hat er mitgetrunken. *Der Junge ist richtig! Was soll man machen? Die Liebe fällt, wohin sie will!*

49

Bei Gertrud hat der liebe Gott offenbar vergessen, zusammen mit den Hormonen auch die schmutzigen Gedanken auszubremsen. Wenn die einen Mann im Blick hat, geht sie an den ran wie ein Hund ans Gehackte –

damals wie heute.

50

Die Frau Berber, was meine Nachbarin ist, hat sich erst kürzlich von ihrem Galan getrennt. Sie ist aber offenbar schon darüber hinweg, jedenfalls poussiert hier ein neuer Kerl vor der Tür rum. So, wie der aussieht, ist er nur auf Bewährung draußen. Ich schließe lieber doppelt rum.

51

Wissen Se, mit dem Eheleben ist es wie mit der Mathematik: Am Anfang ist alles ganz einfach und man denkt, man hat es im Griff und es geht leicht und locker so weiter. Aber irgendwann kommen Unbekannte ins Spiel und dann wird es kompliziert.

52

Kurt sagt immer:
»Ilse ist wie eine Kühlkette.
Man darf sie nicht unterbrechen,
sonst wird es kritisch.«
Männer! Frech, finden
Se nicht?

53

Es ist gar nicht gut für das Liebesleben und die Geburtenrate, wenn jeden Abend die Flimmerkiste so lange läuft. Früher kam nach den Spätnachrichten die Nationalhymne und allerspätestens danach ging es ab in die Falle. Da hatten wir noch Schulklassen von 30 Kindern und jedes hatte drei oder mehr Geschwister. Heute gibt es doch fast nur noch Einzelkinder. Glauben Se mir, das hat alles was miteinander zu tun!

54

Manchmal muss man sich verkneifen, was man sagen will, und es nur denken. Ich sage immer: *»Lieber die Lippen zerbissen als den Mund verbrannt.«*

55

Ilse und Kurt legen die Zähne nachts in ein gemeinsames Glas, um eine Sprudeltablette zu sparen. Liebe hin oder her, da hört es bei mir aber auf!

56

Die Frau Berber süppelt nach dem Essen gern mal einen Rammelzotti. Das erklärt auch ihr verlottertes Liebesleben.

57

Manche sagen, die Liebe macht blind, andere sagen, Liebe macht taub. Auf jeden Fall betört sie die Sinne und man sollte kurz den Topf vom Feuer nehmen, wenn es sprudelnd kocht, und erst dann die Nudeln reintun. Das klingt jetzt schmutziger, als ich es meine … ***Ach, Sie verstehen mich schon.***

58

Nee, also, Männer sind wirklich nicht zu ertragen, wenn sie krank sind! Versuchen Sie es gar nicht erst zu verstehen. 37 Grad Männerfieber sind umgerechnet 41,7 Grad Frauenfieber. Wenn Sie sich diese Formel merken und das Mitleid entsprechend zuteilwerden lassen, kommen Sie halbwegs durch die Tage der »schlimmen Erkrankung«. Ansonsten kann ich Ihnen nur dazu raten, im Büro Überstunden zu machen, solange sich der Gemahl auf dem Sofa auskuriert. Das kann ihrer Ehe nur guttun, das sage ich Ihnen!

59

Kurt hat so eine Freude daran, Maulwürfe zu jagen, aber nun hatten Gläsers schon seit Jahren keinen kleinen Räuber mehr im Garten. Ilse setzt jetzt, ihm zuliebe und sich zuliebe, hin und wieder heimlich Häufchen aus Blumenerde auf den Rasen, damit Kurt was zu tun hat.

60

Meine Männer haben sich immer beschwert, dass es Muttertag *und* Internationalen Frauentag gab, aber nur *einen* Herrentag an Himmelfahrt. Und ehrlich gesagt ist da sogar ein dritter Frauentag: Ilse, Gertrud und ich machen uns jedenfalls immer einen schönen Teller mit Schnitten zurecht und gucken alte Filme mit Marika Rökk, wenn Kurt und Gunter mit dem Bollerwagen unterwegs sind.

61

Kurt hat heimlich vier Flaschen Bier in den Einkaufswagen geschmuggelt und unter dem Kohlrabi versteckt. Herrentag hin oder her, das geht zu weit. Ilse merkt das doch sowieso beim Bezahlen, also wirklich.

Männer! Wie die kleinen Kinder!

62

»Renate, eine Rosine hat auch Falten und trotzdem ist sie süß und die Männer vernaschen sie gern«, sagt Gertrud. Sie hat wieder die tief dekolletierte Bluse an und will zum Flanieren heute raus an den Wannsee. *Na, das wird wieder was geben.*

63

Dreimal im Jahr kommt der durchschnittliche Ehemann mit Blumen nach Hause: am Geburtstag, am Hochzeitstag und am Valentinstag. Lassen Se sich mit billigen Blumen von der Tankstelle nicht den Kopf verdrehen, meine Damen. Romantik ist anders! Noch ein Rat am Rande: Vergisst der Mann einen der Blumentage, sagen Se ihm die Wacht an. Kommt er häufiger mit Gebinden vom Floristen: *Obacht! Wenn da mal nicht ein schlechtes Gewissen im Spiel ist …*

64

Wer liebt, sieht auch mal über kleine Fehler hinweg. Kurt zum Beispiel hat letztens die Hecke geschnitten. Ganz schief und krumm wie eine Rodelbahn. Er hat aber ganz stolz verkündet, dass es ein Herz für Ilse wäre, was er da reingeschnitten hatte, und da konnte man ihm nicht mehr böse sein.

Wissen Se, manchmal muss man der Liebe auf die Sprünge helfen. Ich habe auf dem Friedhof die Harke von Frau Steinke hinter den Grabstein von Frau Ganter gestellt. Als Frau Steinke die geholt hat, kam sie gleich mit Opa Ganter ins Gespräch. Sehr nett haben sie geplaudert und nächste Woche machen sie zusammen eine Busfahrt. »*Tante Renate, du bist eine Kupplerin*«, hat Ariane schelmisch gesagt – und ich habe gelächelt.

66

**Ich hab die Frau Berber gefragt,
ob sie nicht was Festes sucht,
was Männer angeht. Sie sagte:
»Nee, aber was Hartes immer.«
Ich brauchte erst mal einen Korn.
Wissen Se, ich bin bestimmt
keine, die prüde ist, aber so offen
geht meine Generation mit diesem
Thema dann doch nicht um!**
***Ich glaube, ich nehme
gleich noch einen.***

67

Ab und an muss man ein bisschen Pfiff in das Zusammenleben bringen. Mit dem Alltag dümpelt das Liebesleben so vor sich hin, und wenn man nicht aufpasst, wird das Küsschen vorm Zubettgehen auch zur Routine. Meine Männer haben immer erst Aufschnitt gekriegt zum Abendbrot und hinterher zum Nachtisch vielleicht noch ein bisschen Ausschnitt.

68

»Männer! Erst tragen se dich auf Händen, dann wäschst du die Hemden«, hat mich Oma Strelemann schon immer gemahnt.

69

Manchmal denkt man Sachen, die man lieber nicht denken sollte. Wenn sie nämlich erst mal gedacht sind, sind sie auch bald gesagt, und dann wird es ungemütlich.

70

Kurt sagt manchmal »Mutti« zu Ilse. Gott sei Dank sind meine Männer immer gestorben, bevor sie so einen Blödsinn anfingen. Ich rate dringend davon ab, so was zu machen. So viel Respekt sollte man voreinander haben, dass man sich einen Kosenamen überlegt oder, wenn es ernst wird, den Vornamen nutzt. Wobei Kosenamen aus dem Tierreich auch fragwürdig sind, aber das ist ein anderes Thema. Auf jeden Fall sollte man nicht »Mutti« und »Vati« zueinander sagen!

71

Die schwersten Prüfungen für eine Ehe oder auch Beziehung sind:

1. Eine andere Frau.

2. Ein anderer Mann.

3. Wenn der Mann erkältet ist.

Gegen Männerschnupfen hat die Welt noch kein Mittel erfunden. Am besten hilft immer noch, den Dahinsiechenden lautstark zu bedauern und mit Hühnersuppe zu bekochen.

72

Im Alter legt man Wert auf andere Dinge, aber einen kultivierten, netten Gesprächspartner zu haben, ist auch für mich immer noch schön. Wie nett ist es doch, wenn man gemeinsam spazieren geht oder beim Fernsehabend beisammensitzt.

73

Der Unterschied zwischen Männern und Frauen ist, dass Frauen die Hausarbeit sehen und Männer danach fragen, was zu tun ist.

74

Wissen Se, einen neuen Mann zu finden, ist nicht schwer. Aber einen Partner zu finden, der einen nicht aus dem Bett scheucht, wenn man die eiskalten Füße an ihm wärmen will, das ist eine Herausforderung.

75

Wilhelm, mein zweiter Mann, war
immer ein Stück weit eifersüchtig.
Er hatte dazu nie einen Grund,
das dürfen Se mir glauben, aber
der kriegte die Angst nicht weg.
Wilhelm kaufte mir ständig
neue Kleider, Mäntel und Blusen,
nur um sicherzustellen, dass
der Kleiderschrank so voll war,
dass kein nackter Mann sich drin
verstecken konnte. Das hatte der in
einem ollen Film gesehen. Nachdem
Wilhelm verstorben war, brauchte
ich jahrelang nichts Neues kaufen.

76

Ist man erst mal verheiratet, meine Damen, trägt man ja eher gedeckte Farben und Muster. Außer Gertrud. Die hält es heute noch mit dem Motto: *»Eine Bluse ist erst richtig geknöpft, wenn Männer keine Luft mehr kriegen.«*

77

Meine Damen, seien Se nicht immer so streng mit Ihren Männern. »Ehe ist auch was, wo man durchmuss.« Wenn Sie den Kerl erst mal gießen, sehen Sie alles nicht mehr so eng, glauben Se mir.

78

Ein italienisches Sprichwort sagt: *»Ein Mann ohne Frau ist wie Spaghetti ohne Parmesan.«* Was für ein Blödsinn! Ich zum Beispiel mache mir gar nichts aus Käse auf Nudeln. Der klebt fürchterlich, wenn er unter die Prothese kommt!

79

Die Liebe kann man nicht verstehen. Sie macht, was sie will. Sie geht manchmal verschlungene und manchmal seltsame Wege, und wohin sie fällt, ist ihr gänzlich egal. Da sollte man sich dann nicht wehren, sondern dafür sorgen, dass sie weich fällt.

80

Ich musste schon unterm Bett nach meiner Strumpfhose angeln heute früh. Denken Se nur, Katerle hat sie verschleppt! Eigentlich ist der aus dem Alter raus, wo er sich für Damenstrümpfe interessiert, aber wer kennt schon die Männer?

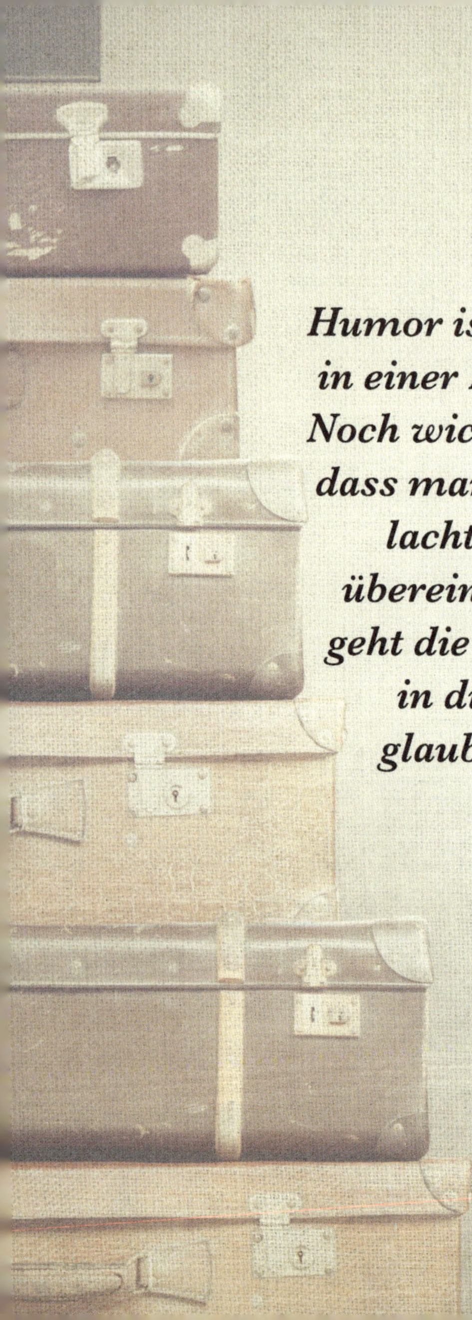

81

Humor ist ganz wichtig in einer Partnerschaft. Noch wichtiger ist aber, dass man miteinander lacht und nicht übereinander, sonst geht die ganze Schose in die Brüche, glauben Se mir.

82

Herr Distelfink war es leid, dass seine Frau immer von der Arbeit geplappert hat. Regelrecht Kopfschmerzen hatte er und fing sogar das Trinken an, weil sie ihm so auf die Nerven ging. Er hat sie dann ermutigt, als Sekretärin beim Geheimdienst anzufangen. Nun muss sie den Schnabel halten und Herrn Distelfink geht es deutlich besser. ***Ehe heißt eben manchmal, Kompromisse zu finden, merken Se sich das.***

83

Franz, mein dritter Mann, hat sich mal bei Kurt beschwert, dass ich ihm ständig die gleichen zwei Dinge vorhalte. »Sie sagt, dass ich nie richtig zuhöre, und … und noch was. Das fällt mir gerade nicht ein«, hat er gesagt. ***Sehen Se? Ich hatte recht!***

84

Wenn man bei einer Angelegenheit unterschiedlicher Meinung ist, rate ich dazu, das Thema erst mal auszusparen. Es gibt doch immer auch was anderes Wichtiges zu bereden! Mit ein bisschen Abstand hat sich schon so manches Problem von allein erledigt, und falls nicht, ist es morgen noch früh genug, um zu streiten.

85

Die besten Ratschläge zur Ehe und Partnerschaft haben mir eigentlich immer Menschen gegeben, die allein lebten. Die haben eben mehr Zeit, um über so was nachzudenken. Wissen Se, unsereins hatte ständig dem Mann die Wäsche zu machen und Babywindeln zu waschen.

86

Es gibt nicht nur Helikoptermütter,
es gibt auch Helikopterehefrauen.
Was meinen Se, wenn Kurt zum
Phüsio muss wegen der Schulter …
Dann ruft Ilse da an und fragt,
ob er auch heil angekommen ist.
Der arme Mann tut mir richtig leid.
Nee, man muss die Männer
auch mal machen lassen –
man kann ja nicht immer
Händchen halten.

87

Meine beste Freundin Gertrud ist ja eher so der Typ Frau, der viel Spaß mit den falschen Kerlen hatte, während sie auf den richtigen gewartet hat.

88

Es hat gar keinen Sinn, mit Männern groß zu streiten. Sie haben ja doch unrecht. Der kluge und gut erzogene Mann weiß das auch und fängt erst gar keinen Streit an.

89

Kosenamen sind eine nette Sache, aber man muss aufpassen, dass sie nicht zu sehr ins Tierreich gehen. »Mäuschen« und »Hase« klingen nett, aber wenn eine Frau, wie ich es bei Frau Berber schon gehört habe, »Komm her, mein kleiner Rammler« zum Mann sagt, ist das doch etwas ordinär. Ganz gefährlich ist auch *»Schatzi«*. Mein vierter Mann Walter hat immer gesagt: *»Das ist nur was für Leute, die sich nicht zwischen Schaf und Ziege entscheiden können.«*

90

Die Zeiten ändern sich. Früher galt ein Mann als »richtiger Mann«, wenn er hart war, Schmerz aushielt und sich zum Beispiel mit der Axt in der Wildnis behaupten konnte. Heute muss man Männer schon loben, wenn sie an der Fleischtheke 200 Gramm Aufschnitt alleine kaufen können.

91

Meine Herren, merken Se sich eins: Ehe ist eine prima Sache und man bekommt viel dazu, weil man alles teilt. Nur eine Sache nicht: Ab dem Zeitpunkt des Jawortes verliert der Mann das Recht auf eine eigene Bettdecke. Das steht nicht im Gesetz, *aber glauben Se mir, es ist so!*

92

Im Alter ändern sich die Dinge. Wissen Se, früher habe ich bei »heiße Nacht« auch an andere Sachen gedacht als daran, dass ich schon lange eine Klimaanlage kaufen wollte.

93

Männer haben in jungen Jahren ja noch wallendes Blut und Kraft und Energie und wollen am liebsten den Drachen töten, der die Liebste bedroht. ***Im Laufe der Jahre wandelt sich das oft.*** **Das Blut wallt nicht mehr, sondern plätschert nur noch und der Drache ist dann manchmal die ehemals Liebste.**

94

Meine Erfahrung ist, dass Männer fast immer die Wahrheit sagen und eigentlich nie übertreiben. Außer, wenn sie von einem geangelten Fisch oder ihrem … ihrer Pilauke reden. ***Und, wenn sie eine Spinne sehen!***

95

»Hast du dir wenigstens die Taschentücher mit Kamille gekauft, mit deinem schlimmen Schnupfen«, habe ich meinen Neffen gefragt. »Männer kaufen keine Kamille-Tücher. Sie regeln ihren Nachlass«, war seine Antwort. Tja, das kenne ich von meinen Ehemännern, da sind sie alle gleich.

96

Wissen Se, dass Frauen mehr tratschen als Männer, ist eine unbewiesene Behauptung. Das stimmt nicht. Wer das nicht glaubt, sollte sich mal beim Doktor ins Wartezimmer setzen und warten, bis sich zwei ältere Herren treffen, die früher mal zusammengearbeitet haben.

97

Männer und Frauen legen auf ganz unterschiedliche Dinge Wert. Frauen suchen ihre Schuhe danach aus, ob sie zum Kleid passen. Männer danach, ob sie geputzt sind. Im besten Fall!

98

Wenn es mal zu einem Streit kommt, was ganz normal ist, und wieder Friede einkehren soll, hat der Volksmund einen weisen Rat: »Ein Kuss ist die schönste Art, gemeinsam den Mund zu halten.«

99

Zum Schluss möchte ich Ihnen noch die fünf wichtigsten Worte für eine erfolgreiche Beziehung ans Herz legen: ***»Ja Schatz, du hast recht.«***

Nun habe ich Ihnen so viele Tipps und Weisheiten mit auf den Weg gegeben, ich glaube, wenn Sie den ein oder anderen Tipp beherzigen, klappt das auch mit der Liebe.

Ihre Renate Bergmann

Renate Bergmann, geb. Strelemann, 82, lebt in Berlin-Spandau.
Sie war Trümmerfrau, Reichsbahnerin und hat vier Ehemänner überlebt.
Renate Bergmann ist Haushaltsprofi und Online-Omi. Ihre riesige
Fangemeinde freut sich täglich über ihre Tweets und Lebensweisheiten
im »Interweb« – und über jedes neue Buch.

Torsten Rohde, Jahrgang 1974, hat in Brandenburg/Havel Betriebswirtschaft
studiert und als Controller gearbeitet. Sein Twitter-Account @RenateBergmann
entwickelte sich zum Internet-Phänomen. Es folgten mehrere Bestseller
unter dem Pseudonym Renate Bergmann.

Covergestaltung: Grafisches Atelier, arsEdition GmbH
Gestaltung Innenteil: Eva Schindler
Bildnachweis: Cover: »Renate Bergmann« Illustration: © Rudi Hurzlmeier
(auch auf S. 2 und S. 94); Hintergründe / Vignetten: Getty Images / ba888;
Baranovskaya / Shutterstock.com; Katerina and Zhenya Spizh / Shutterstock.com
Motive Innenteil: S. 5: Janet Mathews / Shutterstock.com; S. 9: natalia bulatova /
Shutterstock.com; S. 15: Scott Webb / Unsplash; S. 21: ommaphat chotirat /
Shutterstock.com; S. 30: jreika / Shutterstock.com; S. 39: Graeme Dawes /
Shutterstock.com; S. 46: rosstek / Shutterstock.com; S. 50: Snowpa Photo /
Shutterstock.com; S. 57: NarongchaiHlaw / Shutterstock.com; S. 71: Ekapong /
Shutterstock.com; S. 73: Julie Boro / Shutterstock.com; S. 78: MorganStudio /
Shutterstock.com; S. 88: shevtsovy / Shutterstock.com; Hintergründe / Vignetten /
Illustrationen: Getty Images / ba888; Getty Images / Boonyachoat; Getty Images /
Ilyabolotov; Getty Images / ExpressIPhoto; Getty Images / MOMOKO SAKAI; Getty
Images / AndreaAstes; Getty Images / RedKoalaDesign; Getty Images / Nicola
Ferrari; www.shutterstock.com: Mind Pixell; Abstractor; Irtsya; RODINA OLENA;
one AND only; greoli; Anna_Sokol; RomanYa; VikaSuh; Croisy; Irina Ikar; RomanYa
978-3-8458-4743-6
arsedition.de

MIX
Papier aus verantwortungsvollen Quellen
FSC® C018236
FSC www.fsc.org